AF453364

RECUEIL

D'UN GRAND NOMBRE DE VUES

DES PLUS BELLES VILLES,

PALAIS, CHATEAUX, MAISONS DE PLAISANCE

DE FRANCE, D'ITALIE, &c.

Deſſinés & Gravés par ISRAEL SILVESTRE.

TOME PREMIER.

A PARIS,

Chez LAURENT CARS, Graveur du Roy, rue Saint Jacques,
vis-à-vis le Collége du Pleſſis.

M. DCC. L.

AVIS DE L'EDITEUR.

JE crois que les Amateurs de la Gravure doivent sçavoir quelque gré à ceux qui n'épargnent ni soins, ni dépenses pour conserver les Ouvrages des Hommes célébres, & pour les sauver de la dispersion que causent ordinairement les ventes publiques. Quoique les Estampes se multiplient & se répandent, il vient un temps où des morceaux précieux sont extrê-mement rares. Les Planches passent dans les Pays étrangers, ou entre les mains de gens qui, loin d'en sentir le prix, n'en connoissent pas même l'usage: quelquefois elles retournent à la fonte; de là la difficulté de faire des Œuvres, ou de com-pléter de grandes Suites.

Ces considérations ont déterminé l'Editeur à acquérir les Planches d'Israël Sylvestre, qu'il offre ici au Public. Quelques-unes ont été gravées par Pérelle, ou par d'autres Eléves de l'Auteur; mais toujours d'après ses desseins. Toutes ces Vûes sont extrêmement intéressantes; la plûpart nous retracent des objets connus; on y voit avec plaisir des Monumens qui n'existent plus, des Hôtels détruits pour y substituer des Places; des Portes qui ont été changées en Arcs de Triomphe, & quantité d'autres Edifices que l'on reconnoît à peine aujourd'hui par les augmentations, ou les retranchemens faits dans leur Architecture. Ce doit être une satisfaction pour les Curieux, de voir après une longue suite d'années ce que les cho-ses étoient alors, & de retrouver des beautés que le temps & plus souvent le caprice ont détruites.

On a distribué, autant qu'il a été possible, toutes ces Vûes dans une espéce d'ordre Géographique, par Villes & par Provinces. Cet arrangement a paru plus commode & plus agréable pour les Curieux: il leur offrira sous le même point de vûe, tout ce qui appartient aux mêmes lieux, & leur procurera en même temps le plaisir de voyager, pour ainsi dire, de proche en proche. Comme cette Collection est faite à Paris, on commence par cette grande Ville & ses environs; ensuite sortant du côté du Couchant, on suit le cours de la Seine dans la Normandie; on voit tout ce qu'on a pu recueillir de la Picardie, de la Champagne, de la Bourgogne, des Provinces au-delà de la Loire & Méridionales de la France; ainsi on arrive en Italie, dont on parcourt quelques Etats; on visite Rome & quelques lieux circonvoisins; on finit par la Lorraine, & par quelques Vûes étrangéres. Cependant la diversité des formes, qui d'ailleurs jette dans ces Recueils une variété fort agréable, a quelquefois été cause que l'on a changé l'ordre que l'on s'étoit proposé, & que l'on a joint ensemble sur la même feuille des Vûes de lieux éloignés les uns des autres, mais cela n'est arrivé que fort rarement.

Le nombre des Vûes de cette Collection est de 557.

Le Public est averti que l'on a retrouvé plus de 500 Planches des célébres Sadelers, gravées d'après Raphaël, Titien, Tintoret, Baroche & autres Grands Maîtres, & sur-tout d'après Martin Devos, qui se vendent chez le même Editeur, en deux Volumes in-folio, sur moitié du grand Aigle fin.

A PARIS Chez Ifrael Henriet, ruë de l'Arbre fec, au logis de Monfieur le Mercier Orfaure de la Reine, proche la croix du Tiroir.

Veües et Perspectiue du Cours de la Reyne Mere.

Venant a ceste porte on a cet auantage,   Porte de Sainct   C'est d'y voir tout d'vn coup, la ville, et le village,
Qui ne se trouue pas aisement autre part;   Honore   Les traicts de la nature, et les effets de l'art.

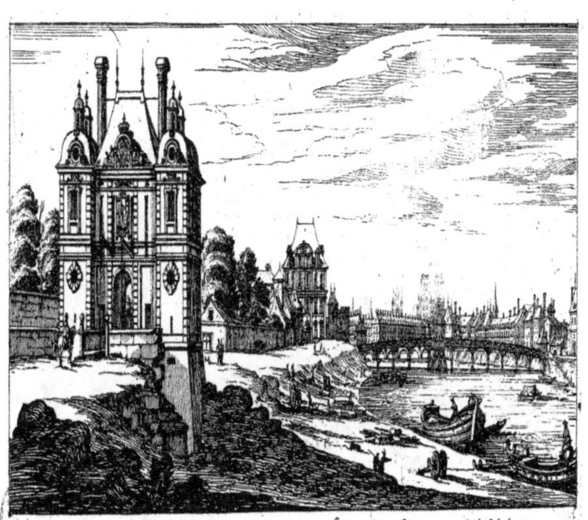

Ceste Porte a receu le nom de conference,   Pour faire vn digne front au grand chef de la France,
Pourceque l'homme et l'art ont voulu conferer;   Et laisser a Paris dequoy les admirer
A Paris Chez I. Vander Bruggen rue St.   Porte de la Conference   Iacques au grand Magazin. Auec Priuil.

Veuë de la Porte de la Conférence

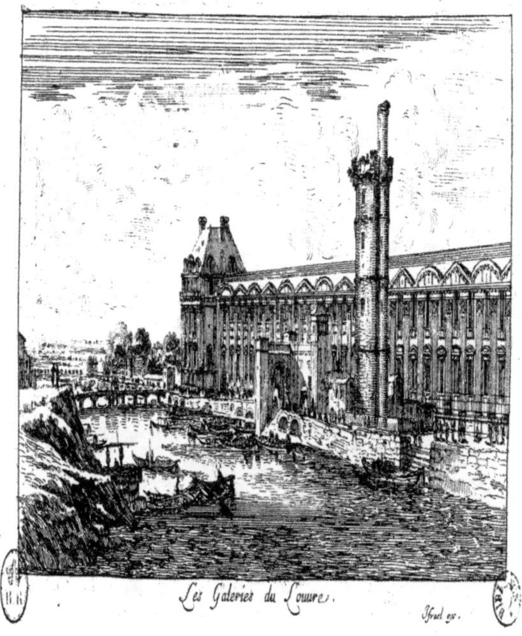

Les Galeries du Louure.

Ifrael ex.

Veuë et Perspectiue du Jardin des Tuilleries et de la Porte de la Conference.

Perelle sculpsit

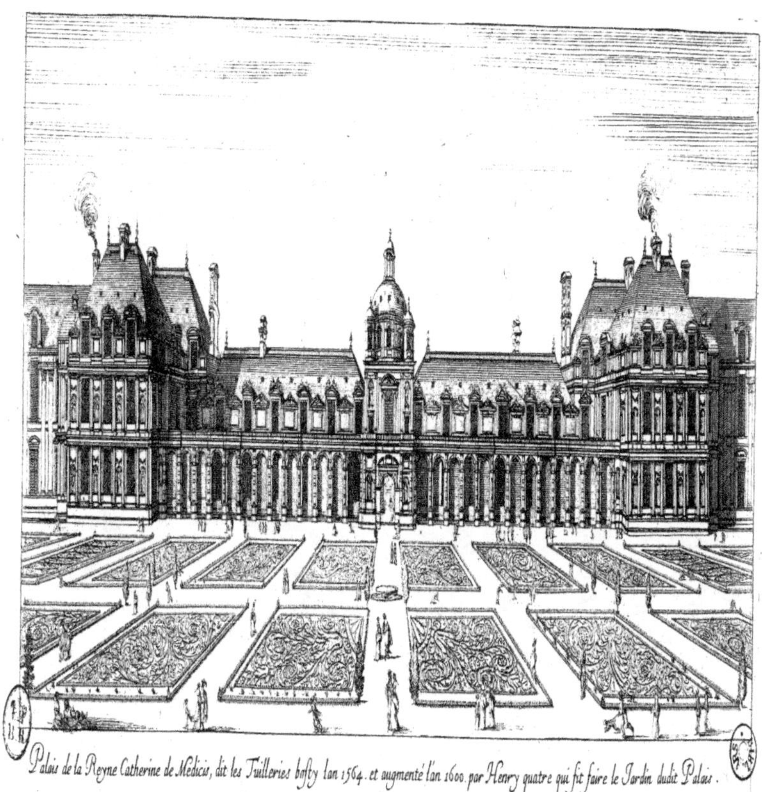

Palais de la Reyne Catherine de Médicis, dit les Tuilleries basty l'an 1564. et augmenté l'an 1600. par Henry quatre qui fit faire le Jardin dudit Palais.

Israel ex.

Veue et Perspectiue du Iardin et Pont des Thuieleries.

Israel excudit.

Veüe et perspectiue du Palais et Jardins des Thuilleries

Veüe et perspectiue du Palais des Thuilleries du côte de l'entreé

Veüe et perspectiue du Palais des Thuilleries du côte du Jardin

Veuë du Dôme du Palais des Tuilleries, dans lequel est vn grand Escalier rampant de figure ouale, estimé le plus beau de l'Europe.

Israel ex.

Veue et Perspectiue du gros Pauillon des Tuilleries, et de la grande Gallerie du Louure.

Ifrael excud.

Veüe du Jardin de Monsieur Renard aux Tuilleries.

dessigné et Graué par Israel Siluestre. 1658.

Veüe et Perspectiue des Tuilleries, et de la grande Escurie.

Veue du Louure et de la grande Galerie du cofté des Offices .

Ifrael ex.

Veüe et Perspectiue de la Galerie du Louure, dans laquelle sont les Portraus des Roys des Reynes et des plus Illustres du Royaume.

Israel ex.

Veue et Perspectiue du dedans du Louure, faict du Regne de Louis XIII.

Israel excud.

Veüe et Perspectiue de la partie du Louure ou sont les
apartemens du Roy et de la Reyne du costé du Jardin

Israel excud.

18

Veue de la Galerie du Louure, et du Pont des Tuilleries, comme il estoit en l'annee 1 6 5 7.
Israel siluestre fecit.
cum priuil. Regis.

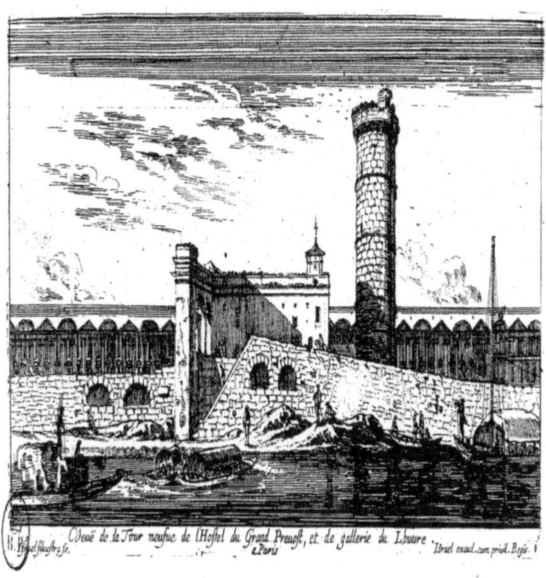

Israel Siluestre fe.   Veuë de la Tour neusue de l'Hostel du Grand Preuost, et de gallerie du Louure.   Israel excud. cum priuil. Regis.
a Paris

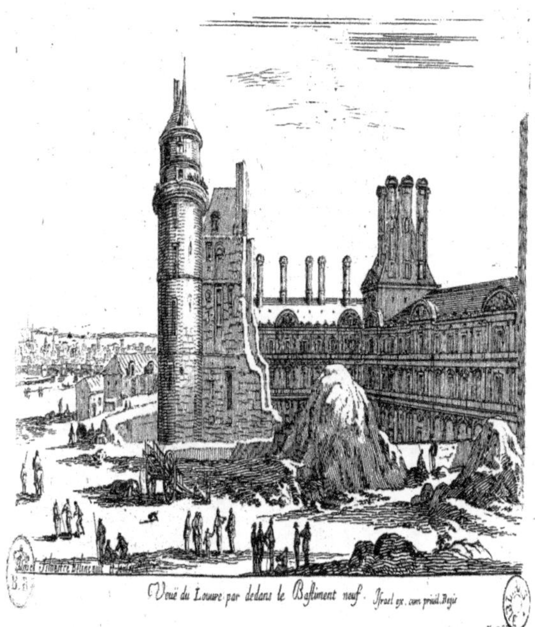

Israel Siluestre fecit.   Veuë du Louure par dedans le Bastiment neuf.   Israel ex. cum priuil. Regis

Veuë de l'Hostel de Soissons bati par Catherine de Medicis, et conduit par Iean Bullant Architecte du Roy.
Israel siluestre fecit
Israel ex. cum priuil. Regis.

Eglise des quinze vints. Israel excud.

Les Fouillans.   Israel excudit.

Israel silvestre delin. et sculp.   Veuë de l'Hostel de Soissons, du costé du Jardin.   Israel excudit cum privil. Regis.
a Paris

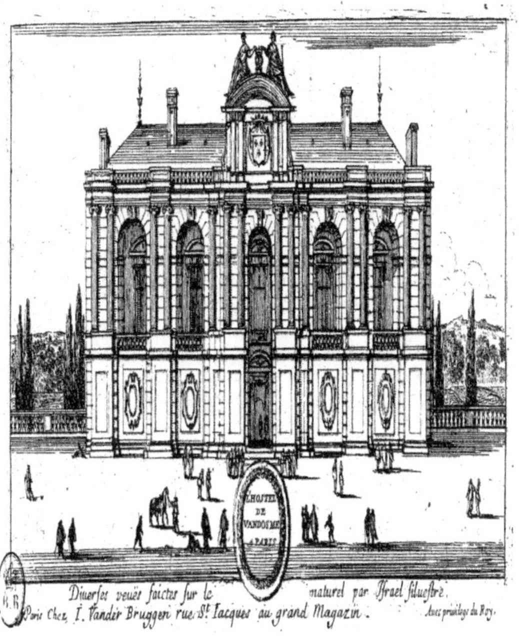

Diuerses veuës faictes sur le naturel par Israel siluestre.
Paris Chez, I. Vander Bruggen rue St. Iacques au grand Magazin. Avec priuilege du Roy.

Veuë des Porcherons proche Paris

Siluestre sculp. Israel excud.

Veuë et Perspectiue du Palais Cardinal du costé du Jardin, et en suitte celles du Louure, et des Tuilleries de diuers costez, et des autres lieux les plus curieux des enuirons de Paris. Par Israel Syluestre.

A Paris Chez Israel Henriet, rue de l'arbre sec proche la croix du Tiroir au logis de Monsieur le Mercier Orfeure de la Reyne. Auec priuilege du Roy.

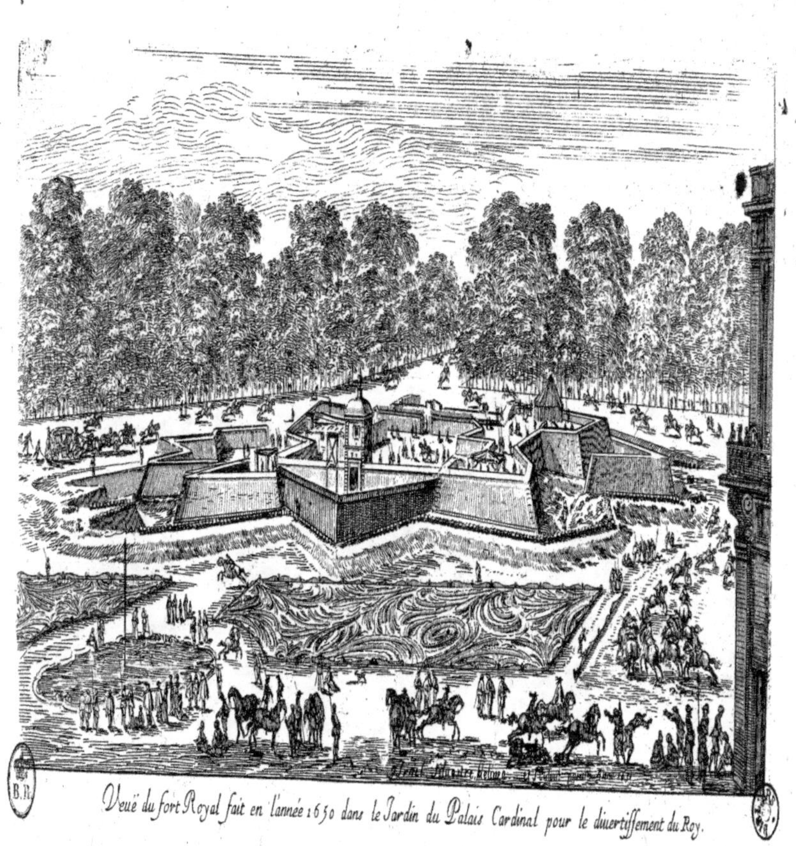

Veuë du fort Royal fait en l'annéе 1650 dans le Jardin du Palais Cardinal pour le diuertissement du Roy.

Israel ex.

Veuë du Pont neuf et de l'Isle du Palais a Paris

Israel siluestre sculp. et ex.

La Statue de Henry IV. et de l'Isle du Palais.
A Paris Chez I. Vander Bruggen ruë S. Iacques au grand Magazin. Avec priuilege du Roy.

Siluestre sculp.   Veuë du Pont-neuf, à Paris.   Ierael excud.

L'Eglis Royal, Collegial et Paroissiale de Saint Germain de Louxerois a Paris.

I. Siluestre delin. et sculp.   Israel ex. cum priuil. Regis

Le Grand Chastelet de Paris.   Israel ex.

Veuë de l'Eglise et Cimetiere des saincts Innocens a Paris.

Ifrael filueftre delin. et fculp.   Ifrael Henriet ex. cum priuil. Regis.

Veuë de l'Eglise Saint Sauueur, rue Saint Denis.

Israel Siluestre delin. et sculp.   Israel ex. cum priuil. P

Veüe de la fontaine Sainct Innocent a Paris.   cum priuil. Regis

Veuë de la Porte Sainct Denis de la ville de Paris par le dehors. Israel ex. cum priuil. Regis.
A Paris Chez Israel, au logis de Monsieur le Mercier Orfeure de la Reyne, ruë de l'Arbre sec, proche la Croix du Tiroir.

Veue de l'Eglise Sainct Laurens au faubourg de Paris. cum priuil. Regis

Israel excud.
Veües et Perspectiue de l'Eglise sainct Martin des Champs.
cum priuil. Regis.

Israel Siluestre delin et fe.
Veüe de l'Eglise de l'Hospital de Sainct Louis basti hors la porte du Temple par Henry
quatriesme pour la commodité et le soulagement de ceux qui sont attaquez de la maladie.
Israel excud. cum priuil. Regis.

Jsrael excudit.
Veües et Perspectiue de l'Eglise, et de la Cour du Temple.
cum priuilegio Regis.

Veuë du Iardin de Monsieur le grand Prieur du Temple.

Israel siluestre delin. et sculp.   Israel Henriet ex. cum priuil. Regis

Veuë de l'Eglise du Temple a Paris

I. Siluestre delin. et sculp.   Israel ex. cum priuil. Regis

Veüe de la Maison et Jardin de Mon.^r le Grand Prieur du Temple .

desseigné et gravé par Israel Silvestre.

Veuë de l'Eglise Sainte Elizabeth prés le Temple a Paris.

Siluestre sculp.

Israel excud.

Eglise de la Mercy deuant l'Hostel de Guise.

Veuë de l'Eglise des filles Ste Marie, Rue St Antoine.

Veuë de l'Eglise des filles du Mont Caluaire, au Marais du Temple.

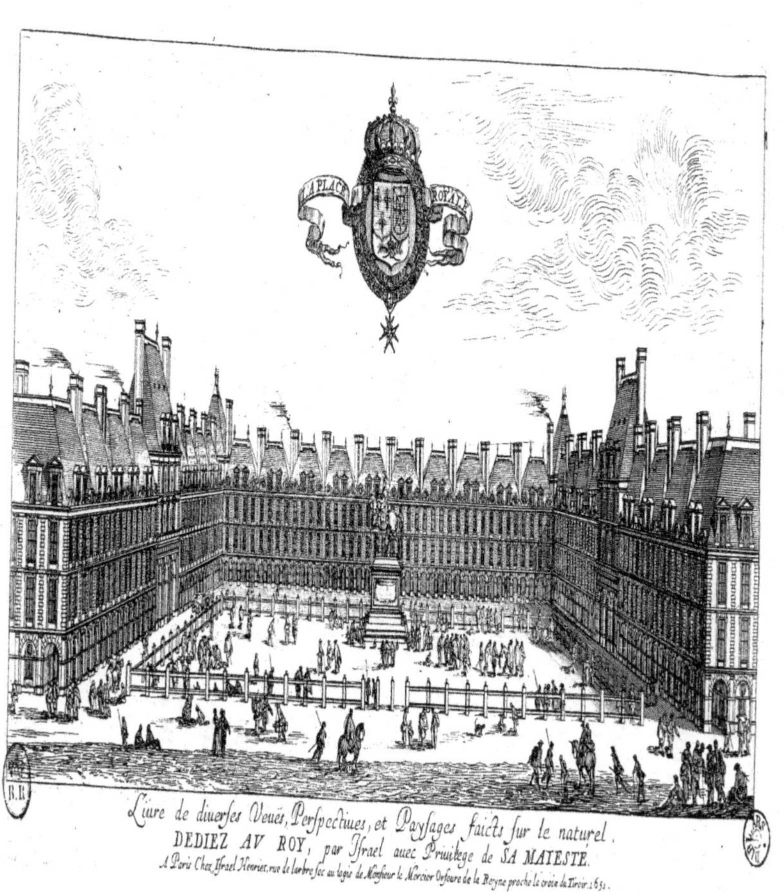

Liure de diuerses Veuës, Perspectiues, et Paysages faicts sur le naturel.
DEDIEZ AV ROY, par Israel auec Priuilege de SA MAIESTE.
A Paris Chez Israel Henriet, rue de larbre sec au logis de Monsieur le Mercier Orfeure de la Reyne proche le croix du Tiroir. 1651.

Veuë de l'Hostel de Sully rue Saint Antoine a Paris.

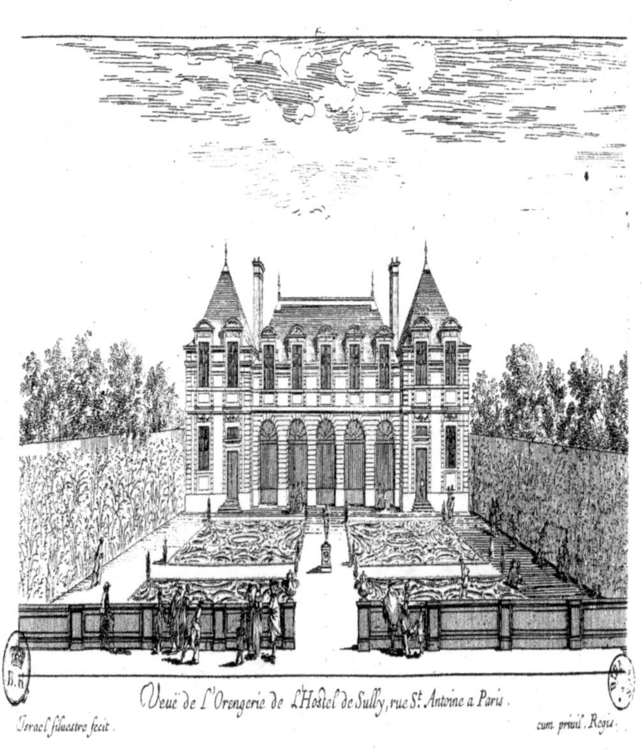

Veuë de L'Orengerie de L'Hostel de Sully, rue St Antoine a Paris.

Israel siluestre fecit.

cum priuil. Regis.

Pendant que le beau monde au long de ces murailles, Veuë de la Bastille De pauures malheureux reſuent leurs funerailles.
Fuict valoir ſon credit a la ſaueur du cours. de Paris Dans le triſte ſeiour de ces obſcures Tours.

Le Chaſteau de la Baſtille de Paris, hors la Porte ſainct Antoine. Iſrael ex.

Dans ce grand arsenal, se forge le Tonnerre,
Dont le bras de nos Roys escrase les Titans;
Et comme la Paix vient au sortir de la guerre,
Tout proche aussi le Mail s'offre à vos passe-temps.

Veuë de Larcenal

Israel ex.

Chasteau de la Bastille du costé de la rue sainct Antoine.
A Paris Chez T. Vander Bruggen, rue St Iacques au grand Magasin. Avec privil.

Veuë et Perspectiue de l'Hostel de S. Paul; Et de la fassade des R.P. Jesuites de la ruë S. Anthoine.

Israel ex.

Veuë de l'Hostel de Mr. le Mareschal Daumont, du costé du Jardin a Paris
Israel ex. cum priuil. Regi.
Siluestre fecit

Israel siluestre delin. et fe.

Israel ex. cum priuil. Regis.

Loin du funeste sort, de la fameuse ville,   Ceste Isle en moins de temps, cesse d'estre inutile,
Dont l'amour en dix ans, rasa les fondemens de nostre Dame   Et fait voir le beau plan de cent grands bastiments.

Israel Silvestre delin. et fe.   Veuë de l'Isle nostre Dame.   A Paris chez I. Vander Bruggen rue St Iacques au …

Veüe de la Maison de Monsieur de Bretonuillier, et de l'isle Nostre-dame.

dessigné et Graué par Israel Siluestre 1658.

Veuë et Perspectiue de la Maison appartenant a Madame de Bretonuilliers du costé du Jardin dans lisle Nostre Dame

Dessigné et graué par Israel siluestre. 1652.

Israel ex. auec priuilege du Roy.

Veuë de l'Hoſtel de Ville de Paris, anciennement l'Hoſtel de Charles Dauphin Regent en France fils du Roy Iean, lors nommée la Maiſon des Pilliers commencée a baſtir ſous François premier l'an 1538. et acheuée ſous Henry IV. l'an 1606. Iſrael ex

Veuë de l'Hostel de ville de Paris, et de la place de greue.

Israel siluestre delineauit et fecit.

Israel excudit cum priuil. Regis.

A Paris chez Iean Vander Bruggen
Veuë de la place de Greue, et de l'Eglise nostre Dame.
ruë S.t Iacques au grand Magasin. auec Priu. du Roy

Ifrael filuestre delin. et fe.
Perspectiue de l'Eglise de nostre Dame veuë de la place de la greue.
Ifrael ex. cum. priuil. Regis.

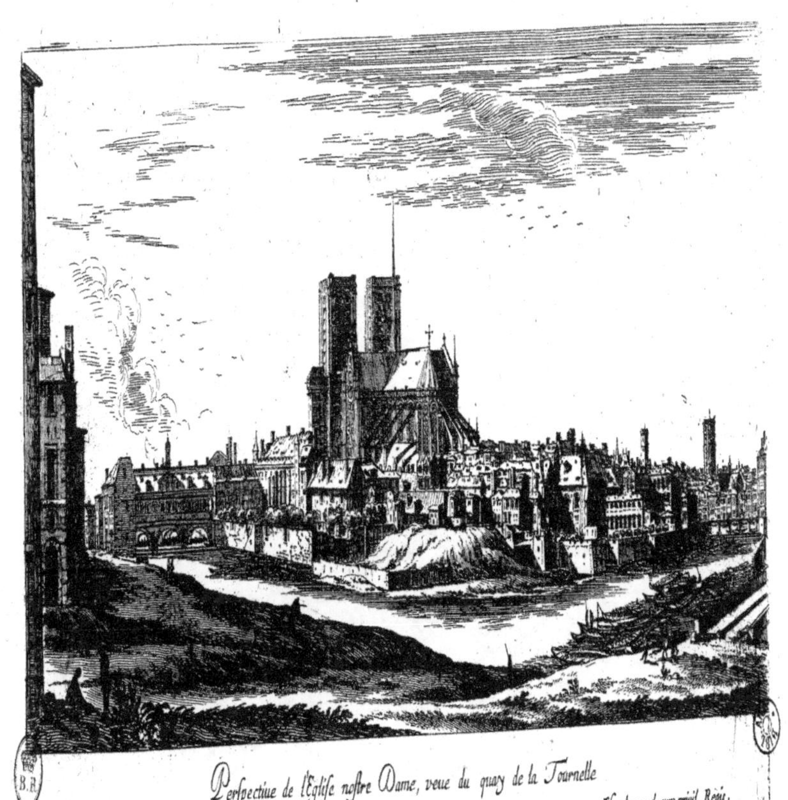

Perspectiue de l'Eglise nostre Dame, veue du quay de la Tournelle

Israel siluestre delin. et fe.

Israel excud. cum priuil. Regis.

A MONSEIGNEVR LE   COMTE DE VIVONNE
Conseiller du Roy en ses conseils, et   premier gentilhomme de sa chambre.
Maison de Monsieur le premier   President du Parlement de Paris.
A PARIS Chez I. Vander Brüggen, rue St Iacques au grand Magasin.   Auec priuil.

DIVERSES VEVES
faictes par Israel siluestre
A MONSEIGNEVR LE   COMTE DE VIVONNE
Conseiller du Roy en ses conseils, et   premier gentilhomme de sa chambre.
Maison de Monsieur le premier   President du Parlement de Paris.
A PARIS Chez I. Vander Bruggen, rue St Iacques au grand Magazin.   Auec priuil.

Silvestre fe. Veuë du Guay de Gesure, et du Pont nostre Dame de Paris. Israel excud.

Le Pont sainct Michel et la ruë neusue sainct Louys. Israel excudit.

Veüe de l'Archeuesché de Paris, et du pont de la Tournel, prise de dessus le pont de l'Hostel Dieu.

dessigné et Graué par Israel Siluestre. 1658.

Veuë du Chasteau d'Anſy le franc du coſté du jeu de longue paume.

A Paris Chez I. Vander Bruggen rue St. Iacques, au grand Magazin. Auec priuil.

Veuë de l'Eglise Saint Denis de la Chaſtre.

Israel ſiluestre delin. et ſculp.   Iſrael exc. cum priuil. Regis.

D'vn costé vous voyez, l'Edifice admirable   Plus loin vous descouurez, l'Hopital charitable.
Ou la mere de Dieu, reçoit nostre oraison;   Ou les membres de Dieu, cherchent leur guerison.
Veue du Pont de lhostel Dieu de Paris

Veuë de l'Hostel Dieu de Paris.
Israel siluestre delin. et sculp.   Israel ex. cum priuil. Regis

Veue de la Saincte Chapelle, et de la Chambre des Comptes de Paris.

Israel siluestre delin. et sculp.

Israel Henriet ex. cum priuil. Regis

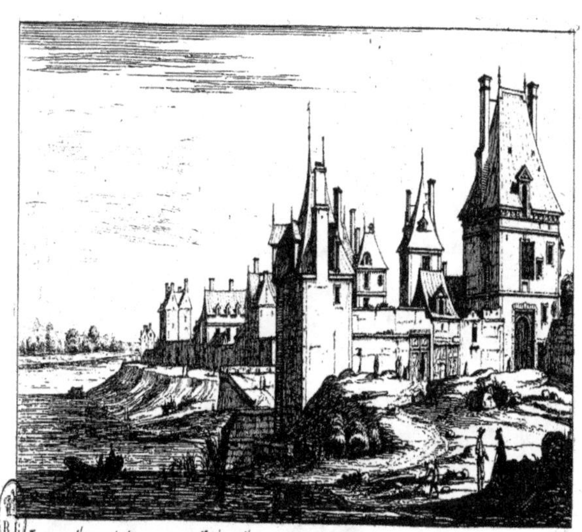

Lorsque d'vn rude hyuer, nous reſſentons l'outrage;   Icy l'on voit venir les foreſts a la nage;
Et qu'au foyer le feu n'a dequoy ſe nourir   Et le port ſt. Bernàrd nous peut ſeul ſecourir.
Porte de St. Bernard
Iſrael ex.

Veuë du Jardin des simples au faubourg Sainct Victor.

Israel siluestre delin, et sculp.   Israel Henriet ex. cum priuil. Regis.

Veuë du Jardin du Roy au faubourg S. Victor a Paris.

siluestre delin. et sculp.   Israel excud.

60

Veuë de l'Eglise de sainct Victor fondée par Louis le Gros Empereur et Roy de France.

Ifrael filueftre fecit

Ifrael ex. cum priuil. Regis

Veuë de l'Eglise des Bernardins a Paris.
Israel siluestre sc.
cum priuil. Regis.
B.R.
HENRI SVR.

62

Veuë de l'Eglise des Carmelites du Faubourg Saint Iacqués.

Israel siluestre delin. et sculp.

Israel ex. cum priuil. Regis.

Les Filles de Lannonciate est la premiere Eglise a main gauche en sortant de la
Porte Saint Iacques.

Israel Siluestre delin. et sculp

Israel ex. cum priuil. Regis.

Veuë faite sur le naturel par Israel siluestre.   Israel ex.

Veüe et Perspectiue de la Chapelle et Maison de Sorbonne; œuure singulier, et l'vn de ceux que le grand Cardinal Duc de Richelieu a faict bastir par Monsieur le Mercier Architecte du Roy.

A Paris Chez Israel rue de l'arbre sec au logis de Monsieur le Mercier Orfeure de la Rayne proche la croix du Tiroir. Auec priuil. du Roy.

Veüe et Perspectiue de la Chapelle et Maison de Sorbonne, du costé de la court faict par Monsieur le Mercier Architecte du Roy.

Veüe du quay des Augustins, et du Pont St. Michel.

desseigné et Gravé par Israel Silvestre 1658.

Veue du grand Conuent des Augustins qui Regarde l'Isle du Palais, et vne partie du Chasteau du Loaure.

Israel siluestre delin. et sc.

Israel excudit cum priuil. Regis

Veües et Perspectiue de la Tour de Nesle et de l'Hostel de Neuers.   Israel ex: cum priuilegis Regis

L'Hostel de Neuers et l'Isle du Palais.   Israel ex.

Veüe de la Tour de Nesle et du Louure.   Israel ex.

Veüe de la Tour de Nelle, et de la Gallerie du Louure.

Israel Siluestre sculp.

L'Hostel de Neuers, et les Galeries du Louure.

Israel ex.

Maison Abbatiale de sainct Germain des prez, lez Paris.

Israel ex.

Veue de l'Abbaye sainct Germain des prez, lez Paris.

Israel ex.

Les Petites Augustins du fauxbourg Saint Germain. Israel ex.

L'Eglise Nouicial des Iesuistes du fauxbourg S. Germain. Israel ex.

Israel excud. Veuë d'vne Maison du fauxbourg Sanct Germain. cum priuil. Regis.

Saint Sulpice. Israel ex.

DEDIÉ A SON ALTESSE ROYALE.
Par son tres-humble et tres-obeissant seruiteur Israel.
Veuë et Perspectiue du Palais d'Orleans, cy deuant l'Hostel de Luxembourg, et de plusieurs autres lieux de Paris, et des enuirons.
Auec priuilege du Roy.   A Paris au logis de Monsieur le Mercier Orfeure de la Reyne, rue de l'Arbre Sec, proche la croix du Tiroir.   En l'annee 1649.

Veuë et Perspectiue du Parterre du Palais d'Orleans.

Perelle sculp.

Veue et Perspectiue du dedans du Palais d'Orleans

Ifrael ex.

Veüe et Perspectiue de Luxembourg du costé du Jardin, a present appellé Palais d'Orleans.   Israel excud.

Veue et Perspectiue du Palais d'Orleans, et d'vne partie du petit Luxembourg du costé du Jardin.

Israel ex.

Veüe du Palais d'Orleans du costé du Iardin.

Siluestre sculp.   Israel excud. cum priuil. Regis.

Veüe du Palais d'Orleans du costé du Jardin.

Siluestre sculp.

Israel excudit cum priuil. Regis.

79

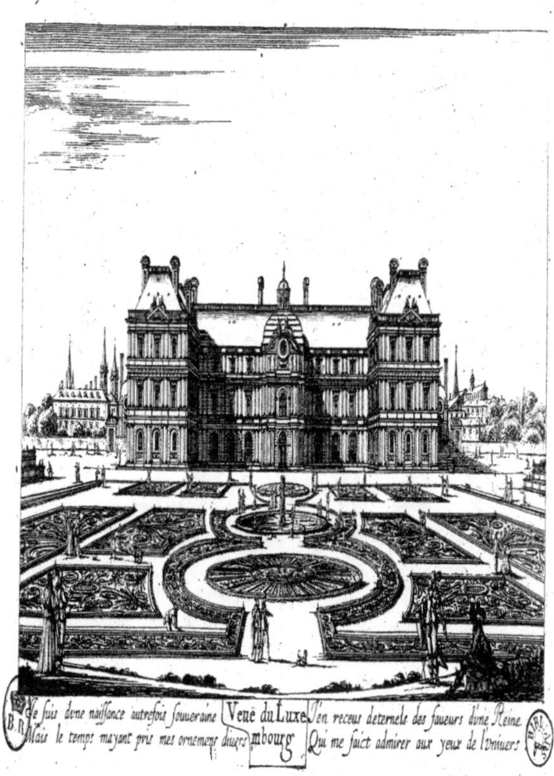

Ie suis d'vne naissance autrefois souueraine   Veuë du Luxembourg   I'en receus de'zernele des faueurs d'vne Reine.
Mais le temps m'ayant pris mes ornemens diuers   Qui me faict admirer aux yeux de l'vniuers

Veüe du Palais de Luxembourg, du costé du Jardin.

desseigné et Graué par Israel Siluestre 1658.

Veue du Palais d'Orleans du costé des Chartreux. Ce Magnifique Palais fut basti par Marie de Medicis, conduit par Monsieur de la Brosse, et passe pour vn des plus majestueux, et des plus acheuez edifices du monde.

Israel siluestre delin. et sc.

Israel exc. cum priuil. Regis.

Veüe d'vne partie de l'Eglise des Carmes deschauſſez et de la grande gallerié du Louure.

Iſrael ſiluestre fecit.

Iſrael ex. cum priuil. Regis

Veuë de la Maison de Monsieur le Coigneux President au
Mortier au Parlement de Paris, seize au faubourg Sainct Germain.

Israel siluestre fecit.   Israel ex. cum priuil. Regis.

L'Hostel de Monsieur le Duc de Luynes a Paris.   Israel ex.

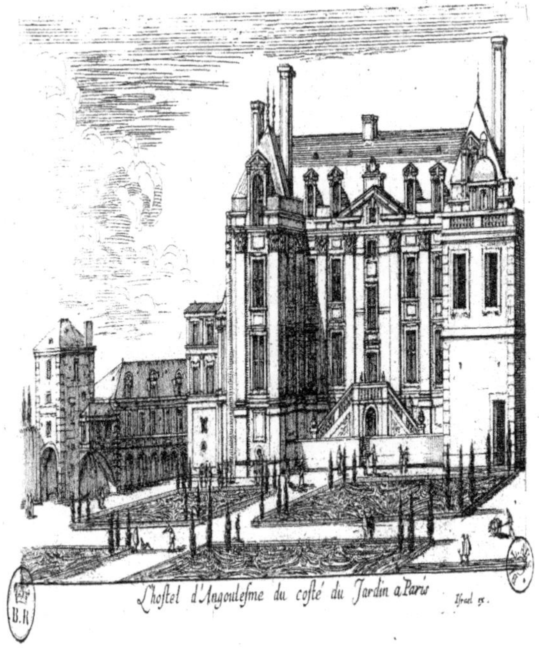

L'Hostel d'Angoulesme du costé du Jardin a Paris.   Israel ex.